Alles, was du kannst, ist wie ein Schatz, den dir keiner wegnehmen kann.

Diese Buchstaben kenne ich schon! In der Schreibschrift stehen sie aber schräg.

Beachte hier den Unterschied zur Druckschrift.

III

T

O

S

P

B

D

Schreibe den Anfangsbuchstaben dazu.

☀ Hast du an den Unterschied gedacht?

Mimi am Meer.

In einem Zug und mit viel Schwung!

Arbeite mit verschiedenen Stiften.

Mimi mit ihren Freunden am Meer.

Bis ran –
und neu!

Bis ran –
und neu!

i

U u

U i

u i

Eine tolle Linie.
Wo das *u* endet,
beginnt das *i*.

Gib deinem schönsten Buchstaben ein Sternchen!

i u u U u

Diese Buchstaben haben ein gleiches Formelement. Entdeckst du es?

n m p

n

m

p

n

m

p

in

um

pu

Beginnt und endet dein Buchstabe an der tollen Linie?

n m p

Bis ran und neu!

Die tolle Linie!

nun

nimm

Omi

Opi

Schreibe die Wörter jetzt in die kleine Zeile.

☀ Gib deinem schönsten Wort ein Sternchen!

Schreibe ab und achte auf den Abstand zwischen den Wörtern.

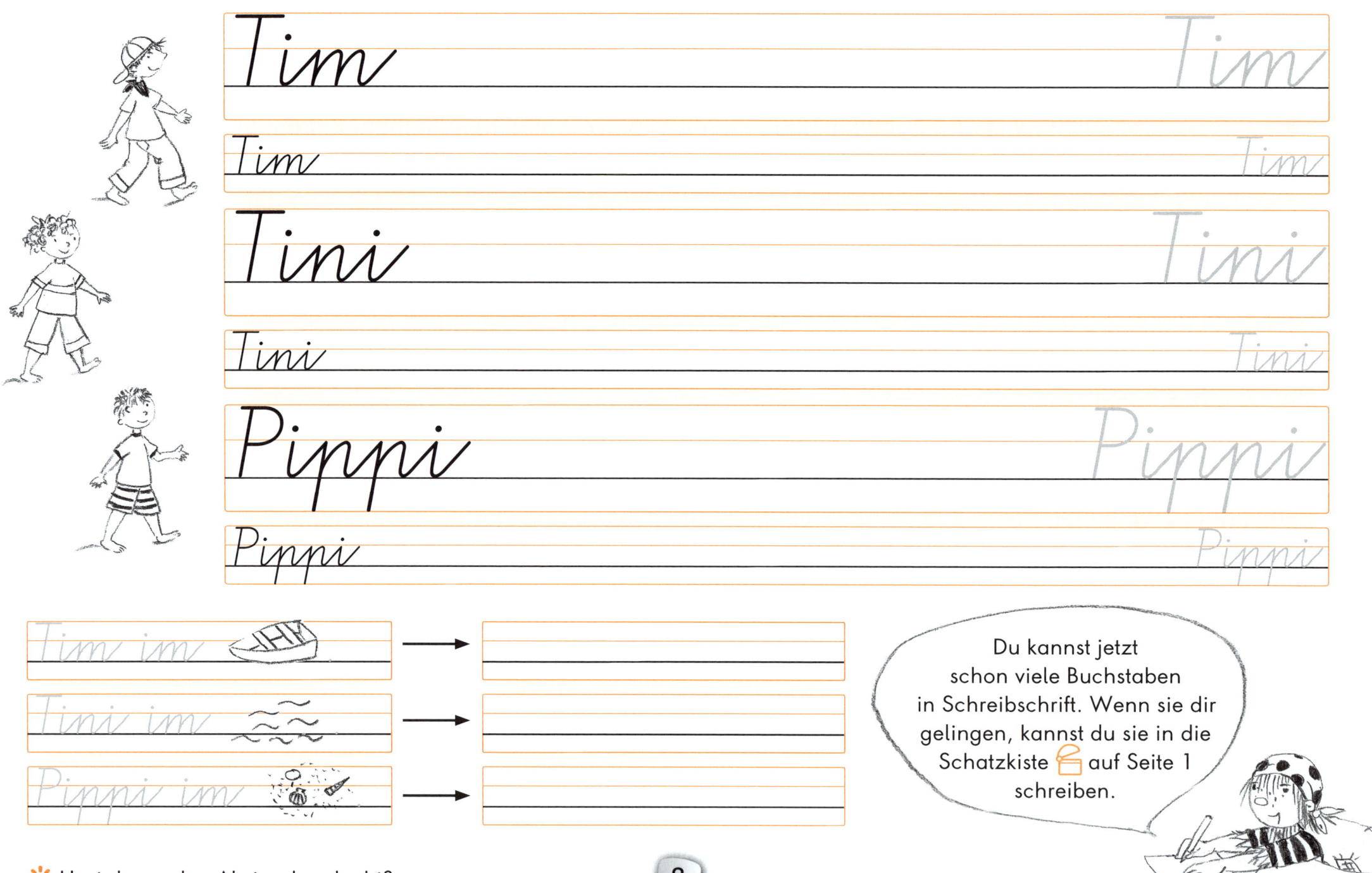

Tim

Tim

Tini

Tini

Pippi

Pippi

Du kannst jetzt schon viele Buchstaben in Schreibschrift. Wenn sie dir gelingen, kannst du sie in die Schatzkiste auf Seite 1 schreiben.

Hast du an den Abstand gedacht?

8

Mimi und ihre Freunde erkunden die Höhle.

Die Flasche nehme ich mit!

V V

W W

V V

W W

Vi Vi

Wi Wi

Vim Wum Vim Wum

Sind die Ecken gut gelungen?

Mimi schaut ihren Freunden beim Surfen zu.

t   t

tu   tu

t   t

tu   tu

tun   tun

mit   mit

Wut   Wut

Wut   Wut

M

M

Mimi

Mut

Mut

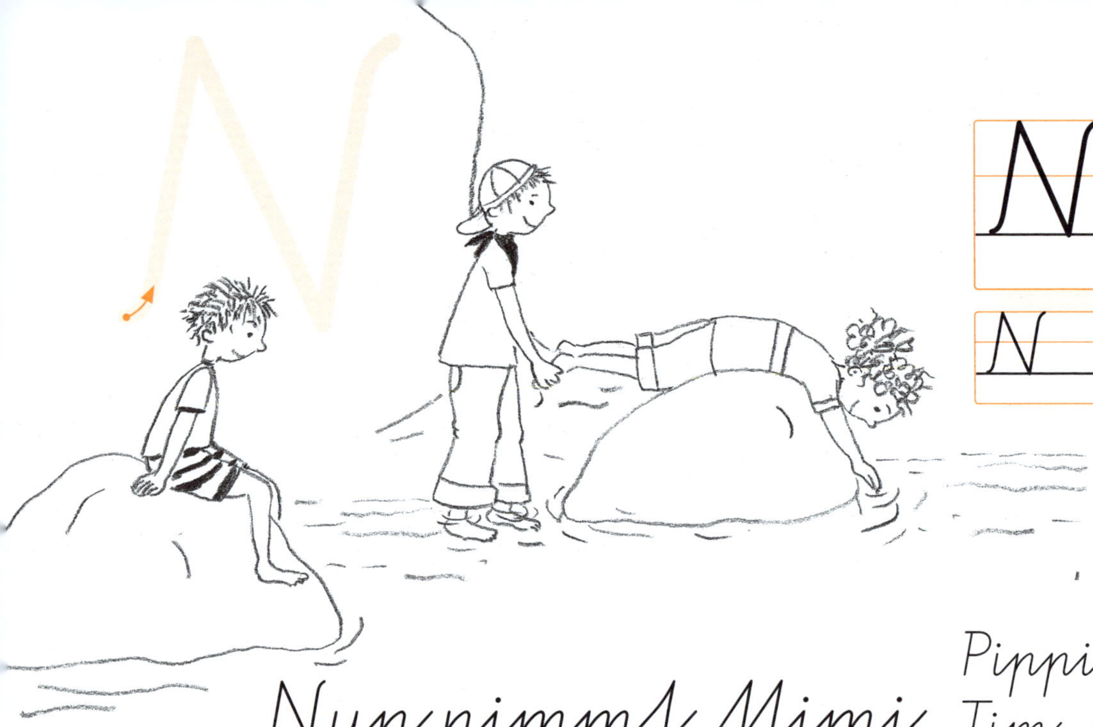

N

N

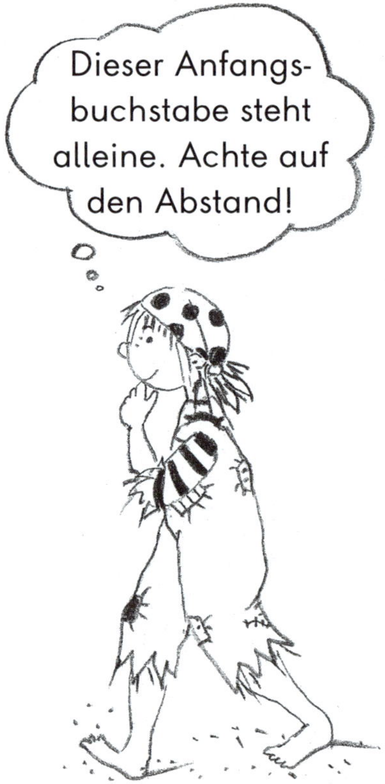

Dieser Anfangs-
buchstabe steht
alleine. Achte auf
den Abstand!

Nun nimmt Mimi   Pippi
                  Tim mit.
                  Tini

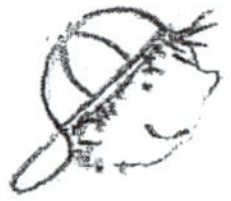

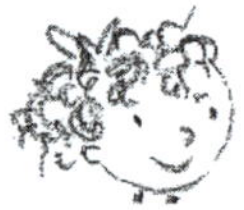

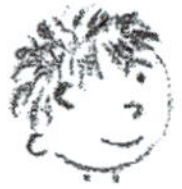

Nun nimmt Mimi Mutti mit.

Bewege dich nach links, dann gelingts!

Oo

o

Boot

Ton

Dom

Not

Toni

Dieser Anfangsbuchstabe steht allein.

Bewege dich nach links, dann gelingts!

a · · · · · · · a

a a

am am

an an

Tau Tau

d · · · · · · · d

d d

du du

dumm

dumm

Kannst du deine Schatzkiste füllen?

a a d d

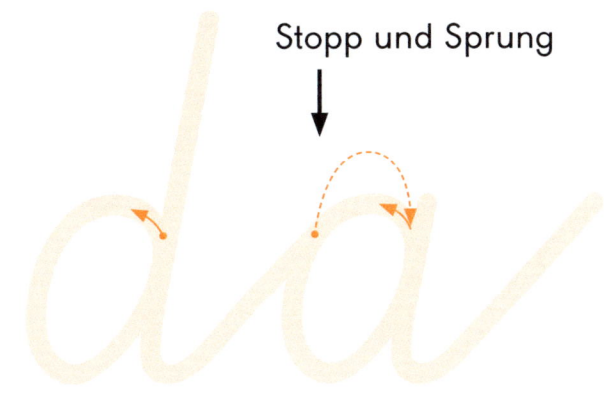

Stopp und Sprung

da

Stopp und Sprung   Stopp und Sprung   Stopp und Sprung

da

Oma   Opa

Dino   Uno

und   Wind

Übt auch auf Zeitungspapier.

Zwei Karten gehören zusammen.
Verbinde.

Boot

Dom

Mund

Dom

Mond

Band

Boot

Mond

Monat

Mund

Band

Monat

Einige Anfangsbuchstaben stehen allein. Denk an den Abstand.
Achte auch auf den Abstand zwischen den Wörtern.

Mond

Einmal herum   und weg!   Einmal herum und weg!

ei   eu

ein   neu

Bein   Beute

Gib deinem schönsten Wort ein Sternchen!

Siehe auch *eℓ* auf Seite 53.

Stopp und neu!

Stopp und neu!

O nein, Mimi
im Wasser!

ee ie

die

n

ee ie

ee ie

die

die

Biene

Biene

See

See

Beet

Beet

Niete

Niete

Tee

S

Miene

B

☀ Denk an deine Schatzkiste!

Nimmt Mimi ein Bad?

O nein! Mimi in Seenot!

Nanu, Mimi am Tau?

So eine nette Beute!

Die erste Geschichte
in Schreibschrift!

Lesen, merken,
schreiben!

mein

d

W

Name

D

Meute

B

Mitte

B

Tonne

S

W

N

Band

W

Du kannst diese Geschichte in dein Piratenheft schreiben.

☆ Finde noch weitere Reime.

E

E

Ei

Ente

Cc

Cc

Cent

Comic

Kannst du deine Schatzkiste weiter füllen?

EƐ cc Cc

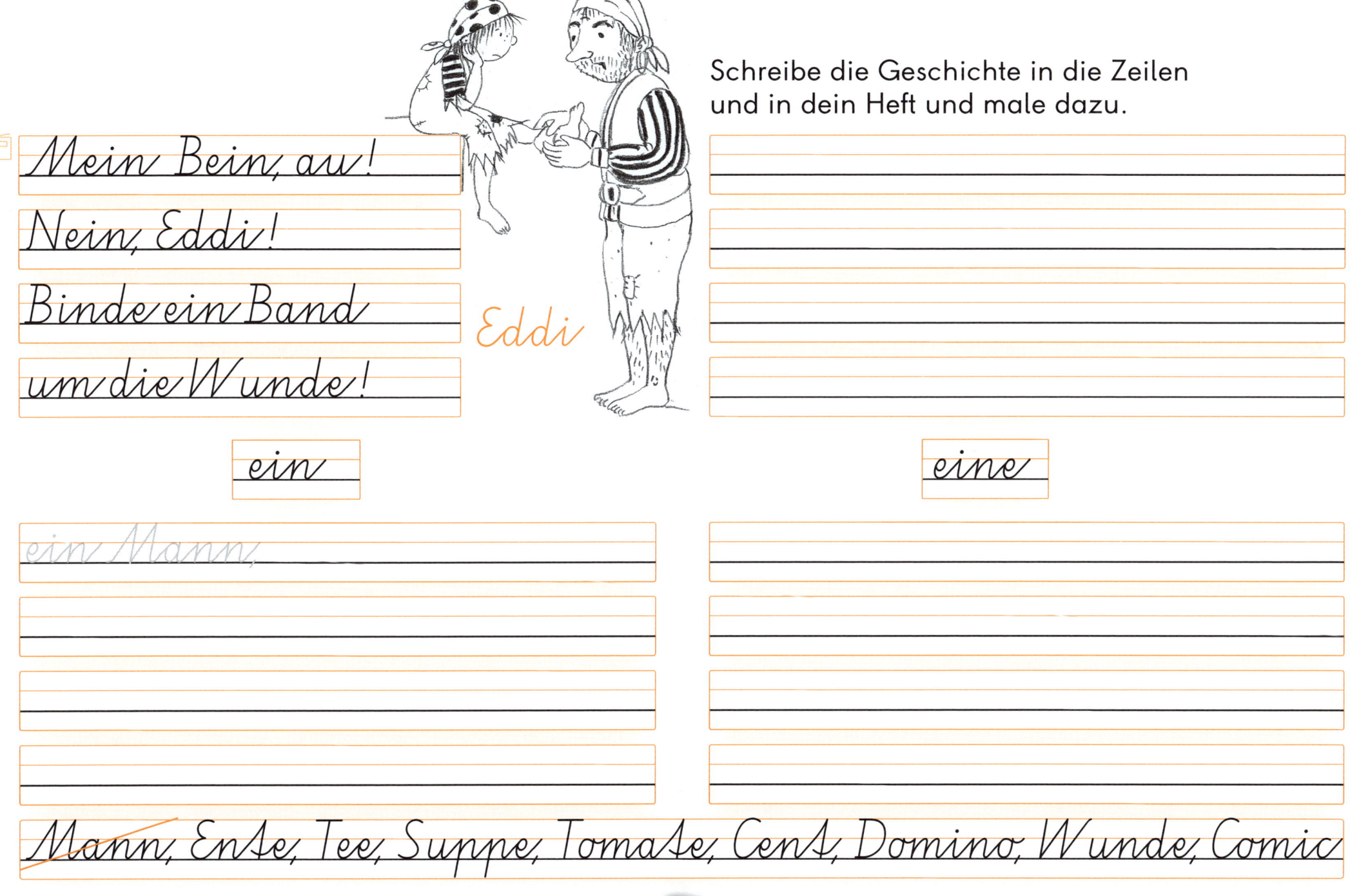

Schreibe die Geschichte in die Zeilen
und in dein Heft und male dazu.

Mein Bein, au!

Nein, Eddi!

Binde ein Band

um die Wunde!

Eddi

ein

eine

ein Mann,

Mann, Ente, Tee, Suppe, Tomate, Cent, Domino, Wunde, Comic

Kann dein Partner deine Schreibschrift gut lesen?

K R

Pit

Pit

K K R R

Kind Kind

Kette Kette

Knoten Knoten

Ratte Ratte

Raupe Raupe

Ruine Ruine

Denk an den Abstand zwischen den Wörtern.

  K K R R

Tom

Was passiert jetzt nur mit mir?

H _H_

F _F_

Hund

Hand

Haut

Feind

Faden

Foto

A

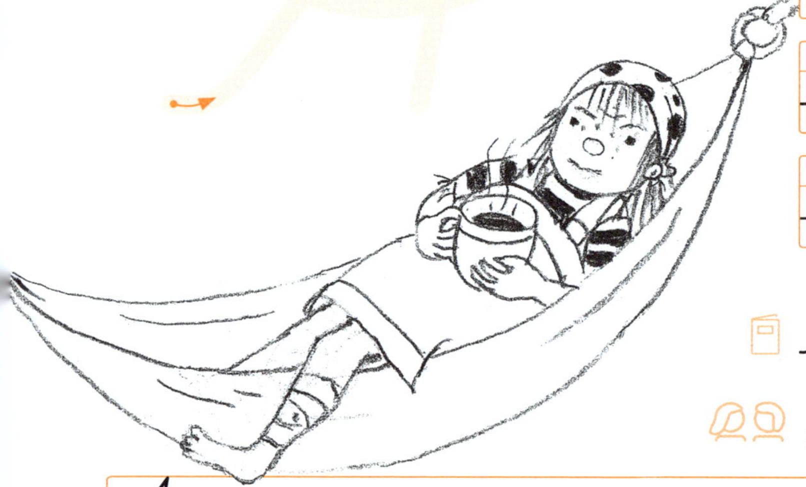

A

Au

Ami

Au! Rennt da ein Hund?
Kommt Ami?

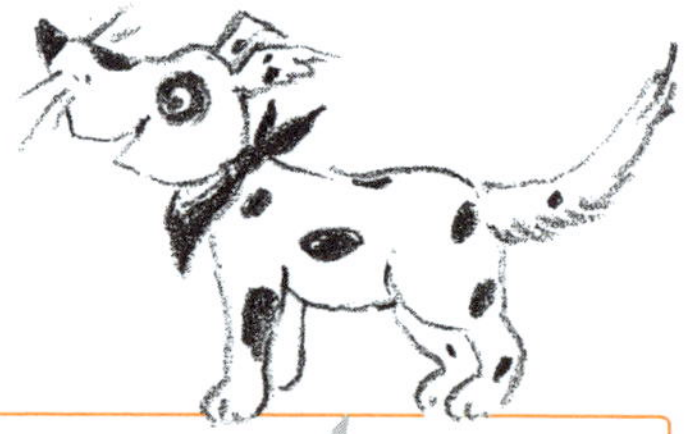

Anna

Atem

Auto

Anton

Automat

☆ Schreibe die Wörter in Silben getrennt auf deinen Block.

eine

Trage richtig ein.

ein

ein Auto,

Auto, Kamm, Henne, Raupe, Foto, Hut, Kanne, Automat, Fee,

Hand, Faden, Radio, Kette, Feindin, Hemd, Ruine, Amt

Dieses s steht am Wortende.

s

es

das

Maus

Was ist denn das für ein Zettel?

ſ

nass

Nase

ist

Hose

Mimis Hose ist nass.
Die nasse Hose ist
nun am Hauptmast.

Siehe auch ss auf Seite 53. s ſ

Das sieht doch aus wie eine Schatzkarte!

st

stumm

staunen

stimmen

Ich höre „scht" und schreibe „st".
Ich höre „schp" und schreibe „sp".

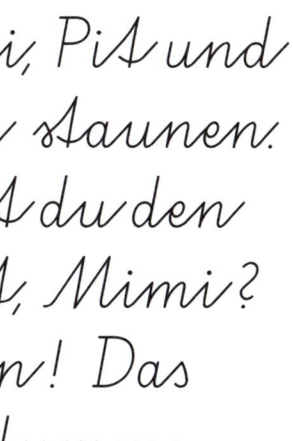

Eddi, Pit und Tom staunen. Hast du den Rest, Mimi? Nein! Das ist dumm.

sp

spannend

spinnen

die Stunde

die Speise

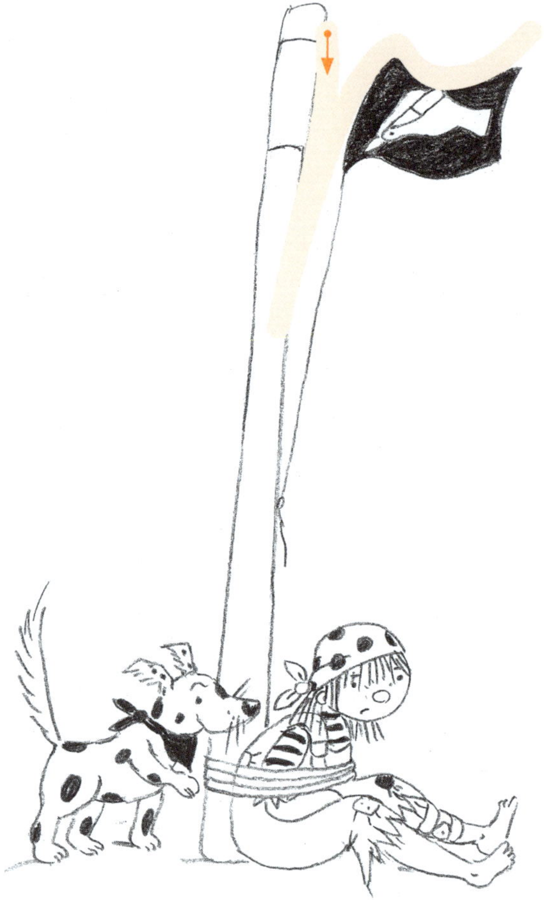

Stopp! Stopp und Sprung Stopp und Sprung

r re ra ro

r rr

er

re

drei

ra

Pirat

ro

rot

Die drei Piraten sind sauer. Mimi muss an den Mast. Arme Mimi!

☆ Sind dir die Verbindungen gut gelungen?

Mimi ist müde und träumt,
die drei Freunde retten sie.
Sie rudern in einem roten Boot.
Ein Turm ist in der Ferne.

Euro   *Euro*

Meer   *Meer*

Freund   *Freund*

Ferne   *Ferne*

Turm   *Turm*

Träumen   *Träumen*

retten   *retten*

rudern   *rudern*

v

ver

ver

w

wo

Tom, was essen wir?

Eddi, wann essen wir?

von

vom

vor

vier

wer

wann

wir

wie

ver-

spotten	warnen
reisen	raten
meiden	speisen

Ver- und vor- verändern den Sinn der Verben.

vor-

turnen	reiten
treten	rennen
wärmen	spannen

verspotten

Findet noch andere Beispiele.

☆ Schreibe die Wörter in Silben getrennt auf.

weit   *weit*

werden   *werden*

warten   *warten*

wissen   *wissen*

Die Piraten essen.
Tom isst warme Suppe.
Pit verspeist vier Brote.

Wo ist die Wurst?

Eddi, warte!
Wir wissen, wo
die Wurst ist.

warm   *warm*

weinen   *weinen*

Teewasser   *Teewasser*

verspeisen   *verspeisen*

Gib deinem schönsten Wort ein Sternchen!

Achte auf den Unterschied!

𝓁

𝒷

𝓁

𝒷

laut

lieb

bunt

bitten

Kann man deine b und l gut lesen?

ll bb

le   be

bellen

oben

alles

alles

bellen

oben

los

leise

alles

lesen

lesen

leise

Alles ist leise.
Nur der Hund bellt laut.
Was ist oben los?

34

h k

h

k

haben

stehen

kommen

danken

her

hin

kalt

Eddi hat keine Ruhe mehr. Er steht auf und holt die anderen.

Achte genau auf den Unterschied!

hh kk

So ein Krach in der Nacht. Mimi versteckt sich unter einem Stück Decke. Warum?

Schreibe die Wörter in Schreibschrift. Der Text hilft dir dabei.

Krach	*Krach*
Nacht	
sich	
verstecken	
Stück	
Decke	

Sch sch

Sch sch

Schere

Schere

Schuh

Schuh

Schule

Schule

Die Piraten kommen an Deck. Alle schauen nach oben. Dort ist Oskar mit einem Stück Papier im Schnabel. Nun klettert Pit hoch und holt ihn.

schön

schön

schnell

schnell

schauen

schauen

waschen

waschen

Du kannst in deinem Piratenheft auch malen.

Beschreibe Oskar.

Oskar hebt seinen Kopf und lässt das Papier fallen. Pit lobt Oskar und füttert ihn mit einem Stück feinen Apfel.

f

f

fein

für

auf

faul

Saft

füttern

fallen

Apfel

Kopf

Steht das f genau und richtig in der Zeile?

f f

Schreibe die Wörter in Schreibschrift, der Text hilft dir dabei.

fal**ten**	*falten* *falten*
freu**en**	
ru**fen**	
feh**len**	

Dann falten die Piraten das Papier auseinander. Tom holt pfeifend Mimis Blatt. Alle freuen sich und rufen: „Das fehlende Teil!"

fah**ren**	
lau**fen**	
pfei**fen**	
Schiff	

📖 Ratlos laufen alle über das Schiff und treffen auf Mimi.

J   *J*

Insel   *Insel*

Idee   *Idee*

📖 Ich kann das nicht lesen.

📖 Ich habe eine tolle Idee!

Internet   *Internet*

Insekt   *Insekt*

Italien   *Italien*

Indien   *Indien*

Irland   *Irland*

Welche Idee könnte das sein?

☀ Das I steht alleine.   IJ

Achte auf die Schleife nach unten:

J j

„Mimi, kannst du lesen?"
„Ja, natürlich." Anton
prüft Mimi mit einem
Kalender. Mimi liest: „Januar, Juni, Juli."
Die Piraten jubeln und binden Mimi los.

J

j

ja

Juni

Juli

Januar

jubeln

Ist dir die Unterlängenschleife gelungen?

J J j j

Sie setzen sich zusammen auf eine Holzkiste. Jetzt liest Mimi vor: „Du findest den Schatz auf der Insel mit dem schwarzen Turm. Suche das Spinnennetz auf dem Platz der tränenden Herzen."

schwarz

Herz

Holz

jetzt

setzen

Platz

Schatz

Achte auch hier auf die Unterlängenschleife!

Siehe auch z z auf Seite 53. zz tz tz

Immer zwei Silben gehören zusammen. Markiere sie farbig.
Schreibe jedes Wort in Schreibschrift in die Zeilen.

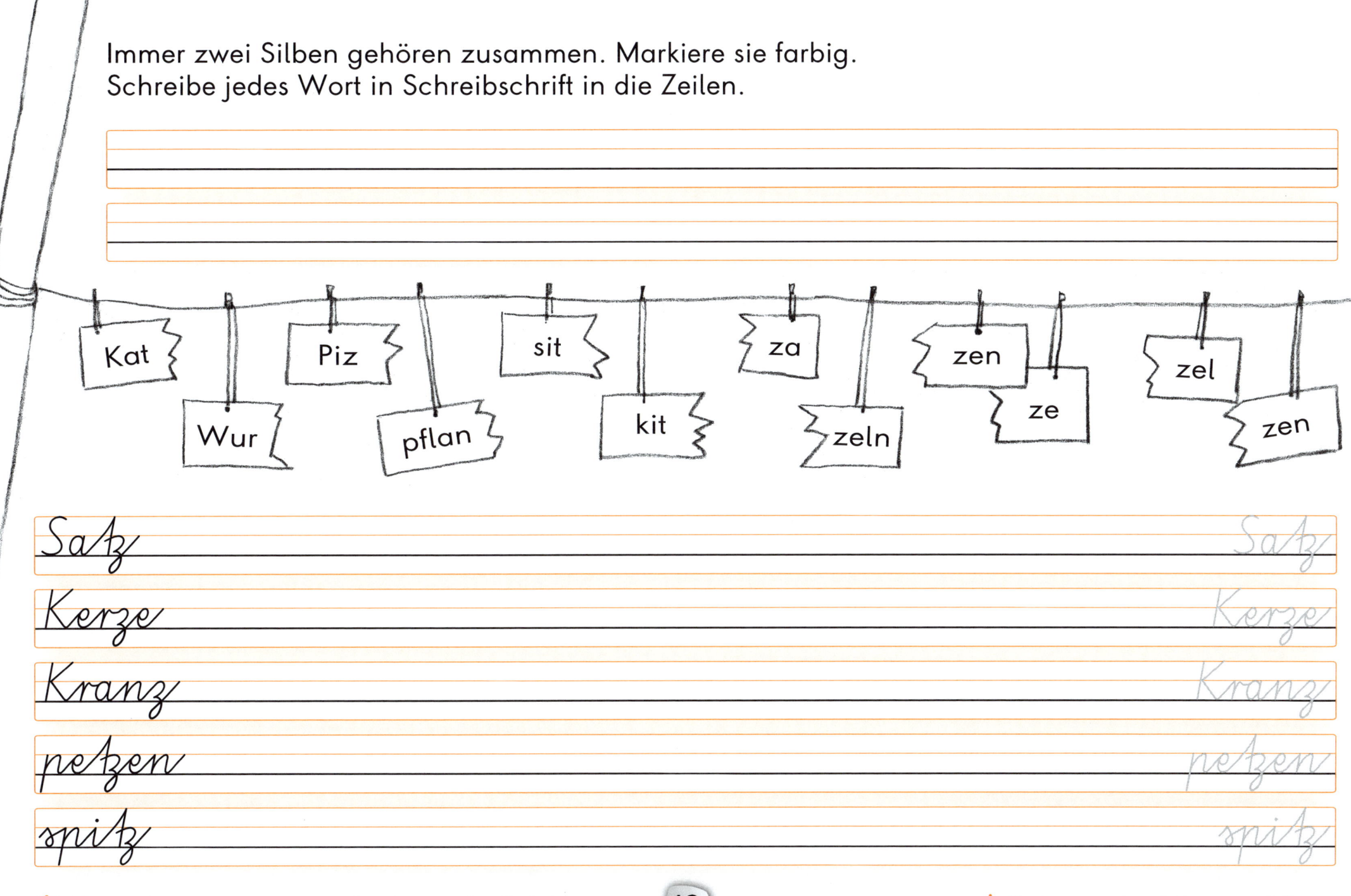

Satz   _Satz_

Kerze   _Kerze_

Kranz   _Kranz_

petzen   _petzen_

spitz   _spitz_

Die Piraten sind ganz aufgeregt.
Sie wissen, wo die Insel liegt.
Nur Tom macht ein langes Gesicht.
„Wir müssen noch sieben Tage segeln", jammert er.

Gg

ganz

lang

Weg

sagen

fragen

Geld

Gesicht

Stehen die Wörter richtig in der Zeile?

G G g gg

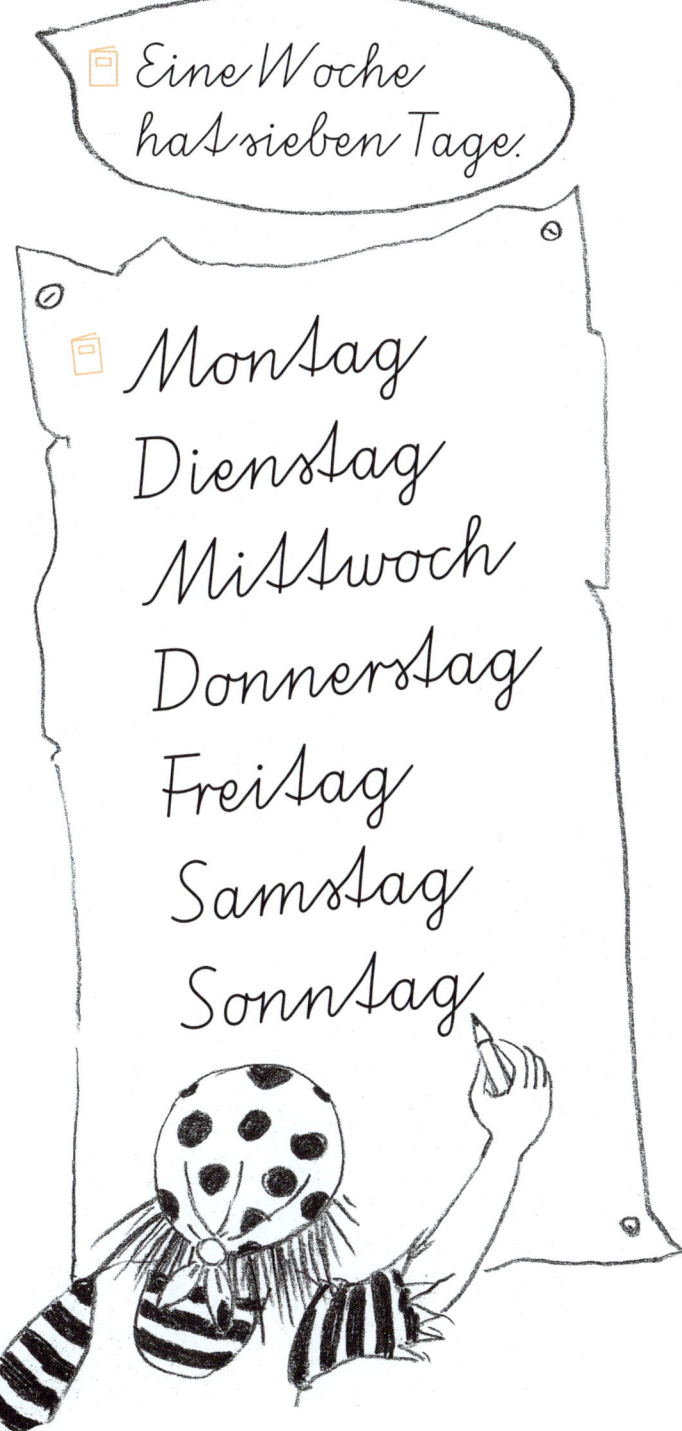

Eine Woche hat sieben Tage.

Montag
Dienstag
Mittwoch
Donnerstag
Freitag
Samstag
Sonntag

Mittwoch

Freitag

Dienstag

Samstag

Montag

Donnerstag

Sonntag

45

☆ Schreibe die Wochentage auswendig auf.

Doch die Tage vergehen schnell.
Die Piraten angeln und spielen.
Pit will lesen und schreiben
lernen. Mimi zeigt ihm Wörter.

Yucca
Yucca

Pyramide
Pyramide

Pony
Pony

Yak
Yak

Baby
Baby

Yacht
Yacht

Yy

Teddy

⭐ Gestalte ein Merkplakat mit diesen Wörtern.

Yy yy

Mimi schreibt ihren Freunden eine Flaschenpost.

Hallo Freunde,
mir geht

Hallo Freunde,
mir geht es gut. Ich bin
auf dem Schiff der Piraten.
Wir sind auf dem Weg ...

Du kannst die Nachricht farbig gestalten.

Am Freitag hat Eddi Dienst.
Die Luft ist klar. Er schaut durch
das Fernrohr. Plötzlich schreit er.
„Leute, Land in Sicht!"

L

Löwe

Luft

Land

Leute

Leine

Licht

☆ Schreibe mit den Wörtern Sätze auf deinen Block.

Zutaten:

250 g	Butter
350 g	Zucker
2	Eier
125 g	Mehl
250 g	kernige Haferflocken
3	Teelöffel Zimt
1	Teelöffel Backpulver

Jetzt backen sie Schiffszwieback für den Landgang. Mimi schreibt das Rezept auf. Als Zutaten brauchen sie auch Zimt und Zucker.

Z

Zahl

Zeit

Zelt

Zimt

Zucker

Zitrone

Zwieback

☆ Schreibe dein Lieblingsrezept auf.

Zz

Schreibe die Zubereitung in der richtigen Reihenfolge auf.
Wenn es dir schwer fällt, schreibe nur ab, was unterstrichen ist.

○ Rühre Butter, Zucker und Eier schaumig.

○ Mische alle restlichen Zutaten und gib sie nach und nach dazu.

○ Forme aus je einem Teelöffel Teig kleine Kugeln, setze sie auf das Backblech und drücke sie flach.

○ Backe sie bei 200 Grad 15 Minuten lang.

Zubereitung:

Schreibe auf, was Mimi überlegt.

Mimi ist aufgeregt. Sie kann an diesem Abend nicht einschlafen. Ob sie den Schatz finden? Hat sie alles eingepackt für den Landausflug?

Packliste:
Zelt
Decke
Kekse
Wasser
Rucksack
Tuch

51

☆ Kannst du eine Packliste für dich schreiben, wenn du zu Oma fährst?

Früh am Morgen landen sie mit
dem Floß am weißen Strand. Barfuß
laufen sie über den heißen Sand.
Das macht keinen großen Spaß.
Müde bleiben sie stehen.

ß ß

groß

heiß

weiß

fleißig

Floß

Fuß

Spaß

Siehe auch ß ß auf Seite 53. ßß

Schau Pit:
So schreibe ich
ı, e, ſ, ß, z.

So kannst du
auch schreiben:
t, e, ſ, ß, z.

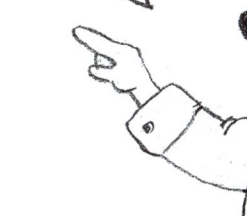

ı → t

e → e

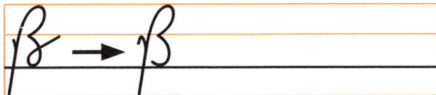

Schreibe wie Mimi

rot

gelb

rosa

weiß

schwarz

Schreibe wie Pit

rot

gelb

rosa

weiß

schwarz

☀ Welche Buchstaben gelingen dir besser?

☀ Entscheide, wie du diese Buchstaben jetzt schreibst.

Schreibe in Schreibschrift auf, was die Personen sagen.

Kann dein Partner deine Schrift gut lesen?

Achte auf den Abstand!

Wo ist nun das Spinnennetz?

Mimi Ami Tom

Eddi Pit

gräbt sucht schaut

links neben dem Baum.

unter einem Stein.

rechts neben der Mauer.

hinter der Mauer.

zwischen den Blumen.

Schreibe zu jedem Bild den passenden Satz in Schreibschrift.

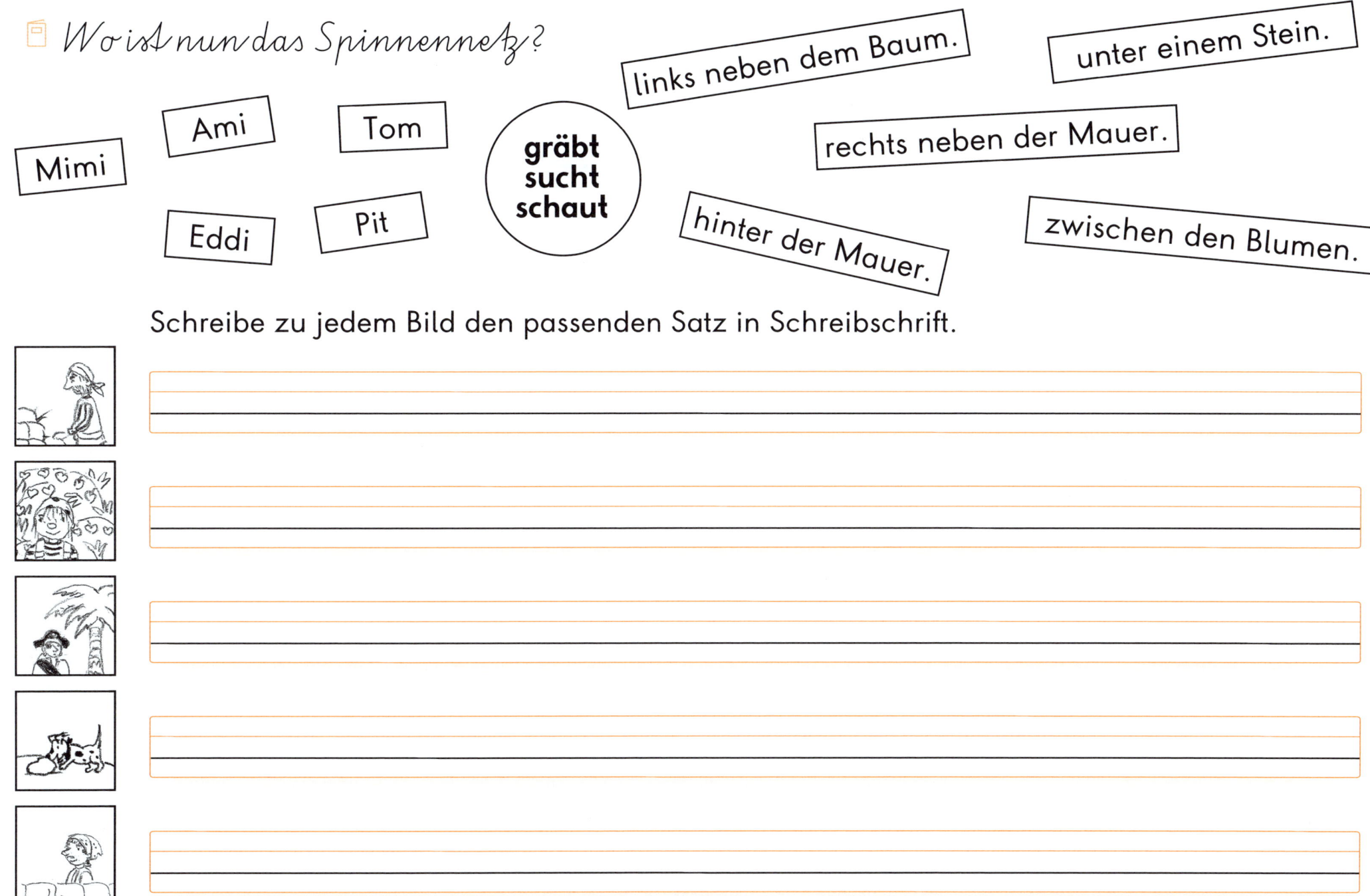

Kontrolliere mit deinem Partner.

Plötzlich lacht Mimi: „Ich weiß, wo das Spinnennetz ist. Es ist auf dem zwölften Stein in der unteren Reihe."

Die Piraten zählen: eins zwei drei vier fünf sechs sieben acht neun zehn elf zwölf

eins

zwei

⭐ Schreibe die Zahlwörter auswendig auf. Kontrolliere.

Tatsächlich! Dieser Stein lässt sich herausziehen. Mimi krabbelt mutig in die dunkle Höhle.
Mit der gefundenen Truhe ziehen die Piraten Mimi vorsichtig ins Freie.

Vor Freude springt Mimi in die Luft.

Mimi jubelt.

Vor Freude strahlt Mimi.

Mimi lacht.

Mimi hat glänzende Augen.

Vor Freude tanzt Mimi.

Mimi jauchzt.

Mimi fällt Eddi, Tom und Pit um den Hals.

Wie freut sich Mimi? Schreibe in Schreibschrift auf.

☆ Wie freust du dich? Berichte.

Aufgeregt öffnet Pit mit Mimi die Schatzkiste.
Was finden sie?

Gold
Silber

Ringe   Ketten   Löffel

Münzen

Becher   Teller   Reifen

Goldbecher, Silberbecher,

Vergleiche mit deinem Partner.

Was ändert sich durch die Zusammensetzung?

Gut gelaunt schleppen sie die schwere Schatzkiste zum Floß. Plötzlich hält Pit an. „Vorsicht! Da ist noch jemand auf der Insel." Alle schauen ängstlich zum Strand und entdecken ein rotes Boot. „Meine Freunde!", jubelt Mimi und rennt los.

Wir wollen dich von den Piraten befreien.

Ich bin froh, dich wiederzusehen!

Sorgt euch nicht. Kommt mit uns aufs Schiff!

Schreibe in Schreibschrift auf, was die Kinder sagen.

Pippi jubelt:

Tini und Tim flüstern:

Mimi beruhigt:

Lest euch die Sätze betont vor.

Spiel mit deinen Mitschülern das Wiedersehen.

Mastkorb

Segel

Bugspriet

Mast

Wanten

Deck

Heck

Bug

Kanone

Schiffsrumpf

Ruder

Mimi zeigt ihren Freunden stolz das Piratenschiff. Pippi bewundert Mimi: „Toll, was du alles weißt!" Tini schreibt sich die Wörter auf.

Gestaltet ein Merkplakat.

☆ Schreibt die Fachbegriffe dazu.

Sie sitzen zusammen und spielen Quartett.
Dann stellt Mimi als Quizmaster Fragen. Alle raten.

Aquarium

quaken

Quelle

Quadrat

Qu qu

Quiz

Quartett

① Wo kommt das Wasser aus der Erde?

② Was machen Frösche?

③ Es ist viereckig.

④ Darin schwimmen Fische.

1
2
3
4

☆ Suche weitere Wörter mit Qu qu im Wörterbuch.

QuQu ququ

Piratenfest

Großes X fängt unten an, kleines x kommt oben dran.

X

x

Xaver

Xylophon

Nixe

Hexe

Alle freuen sich.
Sie feiern ein Piratenfest.
Eddi ist eine Hexe. Mimi
verkleidet sich als Nixe.

Das ist der letzte Buchstabe für deine Schatzkiste.

X X x x

Kann Mimi diese Fragen beantworten?

Xerxes

Xylophon

② Es ist ein Musikinstrument.

boxen

Taxi

Axt

① Damit kannst du Bananenmilch machen.

③ Hier kannst du Wörter nachschlagen.

Lexikon

Mixer

④ Damit zerkleinerst du Holz.

⑤ Du kämpfst mit den Fäusten.

⑥ So hieß ein Perserkönig.

⑦ Dieses Auto kannst du mieten.

1 _____

2 _____

3 _____

4 _____

5 _____

6 _____

7 _____

Überlegt euch ein Rätsel.